Lupita y David

Escrito por: Barbara Flores, Elena Castro y Eddie Hernandez
Ilustrado por: Michael Ramirez y Mary Ramirez

1

Había una vez dos hermanos
llamados Lupita y David.
Vivían con su mamá y su papá en una
pequeña casa cerca del bosque.
Toda la familia trabajaba para ayudarse.
Ellos eran pobres pero vivían muy
felices porque tenían una familia unida.

3

El papá de Lupita y David era leñador.
Todos los días iba al bosque a cortar
leña para vender. Cuando él regresaba
de vender la leña, siempre les traía
una sorpresa a Lupita y David,
como un caramelo o galletas.

La mamá de Lupita y David hacía
pasteles de fresas para vender.
Siempre usaba fresas que encontraba
en el bosque. Lupita y David
siempre ayudaban a su mamá a
buscar fresas en el bosque.
Su mamá les aconsejaba que buscaran
fresas cerca de la casa porque en un
lugar del bosque vivía una bruja
que robaba niños.

Un día la mamá les dio una
canasta a Lupita y a David para que
fueran a buscar fresas.
Ella quería hacer unos ricos
pasteles de fresas para vender.
Les dio dos galletas
a cada niño por si acaso les daba
hambre en el camino. Como siempre,
les aconsejó que no se fueran
muy lejos en el bosque.
Los niños prometieron hacerle
caso a su mamá.

9

Ya estando en el bosque Lupita y David empezaron a buscar fresas.

Siempre buscaban las fresas más rojas y maduras para que su mamá hiciera un rico pastel. Encontraron muy pocas fresas y ya estaban cansados de caminar. Decidieron descansar un poco y comerse una de las galletas.

Mientras estaban descansando,
Lupita y David platicaban de
cómo iban a regresar a casa con
tan pocas fresas. Querían complacer
a su mamá llevándole muchas fresas.
Lupita tuvo la idea de ir más lejos
en el bosque. David le recordó de
lo que les habiá dicho su mamá.
Lupita le dijo que con las galletas que
sobraban podían hacer una senda para
recordar el camino a casa.

13

Lupita y David empezaron a caminar
muy lejos. No sabían que los pajaritos
de pronto se estaban comiendo los
pedazos de galletas que iban dejando
y los niños se perdieron. De pronto
encontraron una casita hecha de
chocolate rodeada de galletas
de jengibre.

Lupita y David iban a probar la casa de
chocolate cuando salió una bruja mala
y los invitó a entrar. Al entrar en la
casa, la bruja, con su escoba, quiso
echar a Lupita al horno. Entonces
David empujó a la bruja y ésta cayó al
horno. De repente la casa dejó de ser
encantada.

Al romper el hechizo, todas las
galletas de jengibre se volvieron a
convertir en los niños perdidos.
La escoba se convirtió en oro.
La mamá y el papá encontraron
a Lupita y David, quienes compartieron
las riquezas con los niños perdidos y
todos vivieron felices para siempre.

16